CORAÇÃO ÍNDIGO
Poesia interdimensional

Bruna Witcoski

CORAÇÃO ÍNDIGO

Poesia interdimensional

1ª edição / Porto Alegre-RS / 2017

*... na simplicidade do Amor que Sou
e sinto, tudo revela-se na hora e momento certos.
Sei que virá a mim tudo o que imagino
e busco, porque tudo já está.
O Ser que imagina esse momento,
e que procura sua verdade,
já conhece esse movimento...
de Consciências e reencontros.
Esse Ser, que vive em mim, que Sou, já sabe que sei
quem ele é... pois O sinto.
Quero é sentir... continuar com minhas memórias
e achar-me para o caminho que escolhi... a magia
consiste em Amar e ser livre para escolher
o "desconhecido"...
que é também...
iluminado.*

Prefácio

Conheci pessoalmente a Bruna na Feira do Livro de Porto Alegre, digo pessoalmente, pois, como almas, trata-se apenas de um reencontro. Sem dúvida, um presente divino, uma dádiva, nessa altura da caminhada! Bruna encarna a poesia como linguagem da alma, da sua, da nossa alma.

Ela entende e expressa as mensagens da alma através da comunicação interdimensional que transcende todos os padrões e signos até aqui estabelecidos. Eis que essa jovem, de olhar azul forte e penetrante, parece ter saído de um dos meus livros escritos com a vibração Índigo-Cristal, para me dizer: "sim, Ingrid, estou aqui! Nós estamos aqui, somos seres vivos, de carne e osso, e viemos para realizar um propósito junto contigo, junto com muitos outros!"

Digo isso, pois desde que comecei a estudar e a escrever sobre a evolução humana e as novas gerações, passei por diversas fases e desafios. Inicialmente, as pessoas me olhavam e não entendiam quando eu falava em Índigos! Elas não tinham esse registro em suas mentes, não estavam preparadas para essa nova dimensão que se abria e se apresentava, como um portal, bem à nossa frente. As pessoas confundiam o termo Índigo com Índio e ficava por isso mesmo. Eu persisti, inicialmente por pura intuição, depois por orientação de meus guias até que essa forma de comunicação, a poesia, se intensificou para mim. Muitas poesias passaram a vir através de mim, dia e noite, como vozes, sons e ritmos que pulsavam e me faziam parar o que estivesse fazendo ou pular da cama, caso fosse durante a noite, e escrever. Muitas vezes, essas poesias vinham somente se eu fechasse os olhos! Caso eu os abrisse, fechava-se a passagem. Fui aprendendo e entendendo, cada vez mais, que a poesia tem, sim, um ritmo, uma musicalidade específica que me orientava, inclusive, a mudar de linha a cada "acorde" de palavras para não ferir a métrica, a rima e, principalmente, a codificação ali contida. Já que entendi que a poesia é uma linguagem poderosa e quântica de cura, de transformação, de comunicação interdimensional, de viagem a diferentes dimensões.

Nos meus livros, sempre incluo algumas dessas poesias, conforme sou orientada a fazer. E sei que cada palavra, cada letra, cada verso tem um propósito especial e que considero sagrado. Sei que esses códigos vão chegar em cada leitor de um modo único e perfeito para o seu momento e sua necessidade de cura, de ativação de consciência, de dons, de descobertas, de novas visões.

Pouco a pouco, comecei a receber poesias de diversos jovens e adultos que foram se identificando como Índigos e me dizendo que para eles também a linguagem poética brotava constantemente e tão natural como a água que desce das cascatas.

Então, quando conheci a Bruna, logo ela começou a me enviar suas poesias e iniciamos uma forma de comunicação singular a qual transcende, em muito, à limitada e linear troca de mensagens pelas palavras no sentido mais físico e concreto da vida terráquea ou terrena. Eu diria que a Bruna fala a linguagem dos anjos, domina o idioma das dimensões mais elevadas e faz arte da mais alta qualidade através dele. Ela simplesmente "brinca" de fazer poemas que divertem, inspiram, encantam, curam, transformam, ativam e reativam dons em nós, seus leitores inebriados com sua espontânea e original estética que certamente bebe diretamente na Fonte de uma Ética Superior e Sagrada.

Leve e cristalina, sua poesia irradia a sutil e sublime luz das esferas com o aroma raro da Flor da Vida.

Caro leitor, respire fundo, imagine que agora está sentado em uma carruagem de cristal branco opalescente e prepare-se para viajar por vias desconhecidas e surpreendentes. Relaxe, entregue-se, confie e permita-se desfrutar e deleitar-se nesse caminho feito do mais puro Amor...

Gratidão imensa e profunda à querida Bruna, essa generosa alma que desceu na Terra para nos brindar com sua poesia que se derrama desde o mais fundo de seu lindo Coração Índigo.

Ingrid Cañete

Sem pretensão, as vozes foram saindo. De dentro. De nós. Vêm de um espaço onde tudo se é. E nada sabe-se, pois a mente nada exige saber. O amor nesse estado é âncora para a manifestação das Vozes. Saíram assim, sem pretensão. Foram aparecendo, e eu, desaparecendo. Sem perspectiva de realidade. Ora, o que é mesmo realidade?!

As vozes apresentaram-se com vibração; e que vibração! Tão forte, tão intensa e tão... simples! Tudo tão simples. Vieram dizendo que esse espaço, de onde vem, é tão simples, e ainda assim, tudo é. E não falaram nada mais, pois sem explicação.

Fui sendo descrita por versos. E novamente, desapareci para o que achava que era, ou que tinha que ser. *São elas, as vozes!* Tomaram-me pelas mãos e fizeram-me escrever, mas juro, não fui eu!

Assim quando em momento de abstração, senti-me desnuda de mim. E isso é divino! Essas vozes, *fui entendendo*, que se manifestam pelo Sentir. Como nada se explica, mas tudo se sente. Esse sentir é uma das vozes. A primeira. A que fala a toda hora. Comigo. Contigo. *Em nós!*

Ela foi guiando-me e muitos versos apareceram; ou ressurgiram. Assim, sem pretensão. Era como se água de mar, entre ondas de sentimento e infinito Azul... sempre *azul*! A vibração oscilava e a percepção destas vozes aumentava, ora, mas ainda nada se explicava. Apenas o sentir! Apenas o Amor! E isso é tudo!

Falaram de amor. Pois são o próprio amor, segundo elas. A *Voz primeira*, segue-me porque amo, simplesmente. Disse-me que o amor cura, que a arte cura e que esses versos, tal como a vibração impressa neles, cura. Disse-me que a cura somos nós. E nada mais é do que um retorno a nós mesmos; para tanto, é preciso estar atento às vozes. Mais que atento, estar sentindo.

Assim, sem pretensão, eis que me surge umas páginas, com rimas, e versos, e palavras. Tudo Um! *São as vozes!* Elas tomaram-me pelas mãos e minhas mãos seguiram sua direção. Um livro!

Há um livro a ser entregue aos filhos do amor, disse-me uma delas. Entendi que elas não queriam apenas falar comigo, mas com esse mundo. Estão em Terra. Assim, permiti-me desaparecer para dar voz aos versos. A voz que existe em mim uniu-se às vozes que sempre falavam-me. *Tudo Um!*

Entendi que o livro seria uma propagação destas vozes. *Que são nossas!* Falam de mim. De ti. Sempre de nós!

Assim, utilizaram-se da palavra como forma de veículo para ancoramento de frequência. Eis que a criatividade, falou uma delas, é uma ato de *coragem*, e esta precisa vir do centro, deste espaço por onde as vozes manifestam-se, do *Coração!*

Algumas chamam-se índigo, 'outras cristal, 'outras... *tudo Um!* São tantas vozes que se manifestam pelo Amor. Essas vozes falam muito além das palavras. Mas irás sentir a vibração através destas, e reencontrarás tuas vozes. *Que são nossas!*

Digo-lhes que as vozes estão aqui. Em cada linha e entrelinha, e talvez estejam onde menos espera-se; pois não se explicam; mas fazem-se Sentir!

Que seja um reencontro de amor, para com as tuas vozes! *Elas já vivem em ti!*

Eu me conecto através das palavras.
Mas além das palavras.
Não sei se seriam palavras; ou Vozes.
Mas, informação.
Essa informação vem através de palavras.
Que são vozes.
Como pacotes de luz que transcendem espaço e tempo.
E palavras.
Há uma codificação de Vida que se manifesta
através de mim e de ti.
Sempre de Nós!
E expressa-se,
Livre!
Muito além de um corpo que habita e
da palavra que jamais encerra-se.
Eu estou em mim.E assim sendo,
toco a ti.
Pois somos Nós!
No vão das palavras
No espaço Uno
ao que se é.

Re-encontro

Relação
real ação
eis a conexão
dos seres
conjuntos
tal como
os seres irmãos que todos somos
...
mas há olhares
que já se viam
há sentidos que já se sentiam
há estórias aguardadas,
outras improvisadas
e então a
reflexão
eis o re-encontro
(?)

Reservatório de Almas

Eu sou a minha própria loucura'
e me desmascaro frente ao que sinto,
e se sinto,
sei quão viva estou.

Nos devaneios
em horas secretas,
hora que a noite envaidece-nos
com o brilho das que nos guiam,
...estrelas,
esferas...
tão belas,
que me consomem
ao próprio nome...
tão meu e tão nosso!

Se, deveras sagrado,
eis o espaço onde somos um único pulsar...
A loucura intrínseca
na Alma que habita
na pele que orbita e
nos seres que se entrelaçam.
Eu sou a minha própria loucura,
e decorrendo contra a sensatez,
insisto em fazer-me criança,
que, com sua esperança,
abraça o mundo inteiro...
eis a cura que creio.

Na loucura
que anseio,
na loucura que,
em devaneio
recorro às minhas outras partes,
deparo-me comigo
e reencontro-me
a todo instante,
quando este é
fadado ao Amor!

Faces

Me visto de
Ser Humano.
Me disfarço
em um mundo mundano.
Me faço
refaço
já fiz

Ainda tenho asas...

E prontamente
expresso-me
como Alma
livre de mim.

Guerreiro do Amor

Tu...
que tens sonhos de amor
E olhos de criança...

Tu...
Que te apaixonas pela experiência
Faz ode à desobediência e ilumina com sóis mil...

Tu...
Que és das estrelas
E por instantes, sorrindo
Comunica-te com o Deus do infinito...
Identifica-se com ele,
E sente a força criadora da Vida...

Tu...
que és
Mistério e amor
Saudade e amor
Coragem e amor
Guerreiro do amor...!

Avante com
Tuas asas...
Voando pela imaginação
Sentindo a Verdade
Vivendo a verdade
Com plena paixão...

Avante com tuas
Asas...
O infinito é tua estrada...
Saudamos-te a toda hora...
Vais...
Ser Amor!

Voz da Unidade

Eu escuto a Voz
de um Povo...
O grito incessante
dos homens
de fé...

Eu escuto uma Voz
que causa-me embriaguez...
grito de dor
Voz de Amor...
Foge-me a sensatez...
Essa voz de um povo esquecido
adormecido em seu
desabor
Voz das cidades
dos ventos e
tempestades...
que gritam
Gritam
por Amor!

Onde estás
onde estás
Oh, criador?!

Tua mensagem
tua Voz e
fala clara...
Faça com que teus filhos
Filhos...
escutam e
Sintam
teu Amor...
Amor!

Adágio

Minha mente escuta
Vozes...
ma sei que não estão
na mente...
Há um grito no centro
infinito.
há um grito
que precisa de
escuta...

Minha mente
confusa e cansada
às vezes mente,
mas sei que as Vozes
falam-me e
além da mente...
tocam-me,
em força e
emoção...

Mente, que
mente e
de repente,
rende-se ao
Amor que transcende...
Há uma Voz...
essa Voz,
sinto que sou...
como uma nota,
um som
que vem do infinito
e que soprou-me
a música escolhida...

A música toca,
e ressoa nos ventos
nos olhos e na alma...
A música encanta,
espanta e
embala...
...
a 'música...
une-se às Vozes...

Empatia

Bate a minha porta
e nego-me a te escutar...
Como poderia,
Sendo que és
minha parte,
Tanto de mim que falas,
Que hei de me curar
Somente...
Quando abro a porta
Antes da tua batida
...
Em meu peito!

Há Luz

Há seres que vestem faces
e termos e versos.
Desprendem-se de si
para tornarem-se Um.

Há seres que,
nus
perdem-se da forma
quebram as normas...
Qual a loucura de viver?

Há seres que São.
E esse Ser,
instiga
revolta
quebra padrão.

Nas faces e termos inventados,
programados pelo coração
há força,
há Voz,
há paixão!
Há seres que vêm
para transformar
pois sabem que sempre nós
nunca sós
somos todos irmãos!

"Versus" livres

Já não cabe no silêncio
o grito sufocado
dos filhos do amor.

Já não cabe no silêncio
o grito,
a voz dolorida
outrora sucumbida
dos filhos do Criador!

Já não cabe no silêncio
as lágrimas mortas
de quem anseia
por Vida.
Vida!

Já não cabe no silêncio...
Já não cabe...
e espaço
desfaz-se em versos vãos.
Já não cabe no silêncio
a voz
a Voz da solidão

Uma Ode
aos poetas da Rebeldia!
Quão vale a voz
que grita?
Já não cabe no silêncio
o vazio
da Poesia tardia.

Quanto vale?
Quanto valho?
Que voz dita-me o sentimento?
Voz das águas
Voz do vento.

... Já não cabe no silêncio...

Presença de Deus

Ora,
o vento
fala,
e demora...
Nessa hora,
há uma Voz,
uma Vida,
uma Presença
que se manifesta
no Agora.
Ora,
para percebê-la
não te demores
...
sinta a força
do Amor.

Simplesmente Ser

Te daria as palavras,
mas vazias estão.
Há uma esfera que me envolve
tão bela e tão fera,
a esfera da percepção.

Com meus devaneios,
te daria o mundo dos sentidos,
para que tocasse o sagrado através dos versos.
Te daria o infinito,
Mas não posso dar-te o que já é teu.

Prefiro a conversação com a Alma,
esse reservatório de almas
que habitam a mente
rebelde e profunda,
espantosa Presença de Amor!

Te daria a eternidade,
Mas não posso dar-te o que já é teu.
Então sigo contigo,
nos céus, nos ventos e nos sentidos.
E em tudo o que está além de mim
e
tão em mim
tão em ti
...
na presença sagrada,
riscada e rebelada,
na Alma
essa esfera de
Simplesmente Ser.

Voz grave

Na voz grave
dos tons que desafinam
na Voz grave
do baixo que escuto
(e está tão alto)

Na Voz grave
dos tons que denunciam
o ritmo
incerto e
inverso
do que se chama
de Vida.

Voz do Silêncio

Quando os ruídos silenciarem
Quando os véus
por fim (e enfim)
caírem...
ouvirás a Voz
e então falarás contigo
e te tornarás o
falador e o ouvinte do Amor
somente amor
sem ilusão,
sem temor.

Quando, sem ruídos,
sentir tua Voz
então saberás quem és,
e verás o Amor.
Sabendo que és
(essa força feroz de Amor!)

Então falarás contigo
e escutar-se é estar vivo!
Depois da Voz,
restará o vazio,
o nada.
Lá,
também estarás,
como o infinito,
observando
a Voz do silêncio.

Cabeça de Deus

Já pensei em não-ser e
amando...vi que já era.
Já senti como se fosse
e já revivi o que não houvera.
A utopia dos seres
a rebeldia das almas
a insana mente que finge saber.
...já pensei e
por amar',
perdi-me
na 'cabeça de Deus!

Já senti a
eternidade
na gota de chuva que cai
e identifiquei-me com o vazio
para acessar a verdade
do ser pensante
...
que transcende a mente que finge saber.

Quisera entender
sobre o que ascende,
mas com olhos que veem pela primeira vez
e que sentem...
Já pensei e
por amar
despi-me de mim.
Sou o eco do nascimento
de um pensamento
que quisera ser,
mas, enfim...

Transcender
pode ser não entender
e perder-se.
Talvez assim poderei reencontrar-me
ante ao Sol que nasce e renasce
nos prolongamentos da
Cabeça de Deus.

Reflexo

O que pensas
que sou
saibas que és
logo,
somos nós...!

O que fazes em
silêncio...
escute o vento
pois Ele
fala-te em pensamento...

O que sabes de
tudo
é nada e
portanto
somos, quem?!
O que sentes
sinto eu!
Pois há
Um sentimento-um vento-um momento...
Agora!
O que vês
é portanto tua história e
minha memória
relembrada, refinada em
céus e telas estelares...

O que queres...
sinto em minhas entranhas...
Será que é
porque te Sou?!
Estranhas?!

Somos a
Unidade
a Verdade que arde e invade...
Somos a Vida que vive da arte
nos palcos da manifestação.

Além dos ruídos noturnos e palavras vazias
há uma Voz
Voz de
alguém...
(ou de ninguém?!)
O que sentes
sinto eu!
Pois há
Um sentimento-um vento-um momento...
Agora!

O que vês
é portanto tua história e
minha memória
relembrada, refinada em
céus e telas estelares...

O que queres...
sinto em minhas entranhas...
Será que é
porque te Sou?!
Estranhas?!

Somos a
Unidade
a Verdade que arde e invade...
Somos a Vida que vive da arte
nos palcos da manifestação.

Solar

Após reencontrar meu sol...
Sol...!
Sinto a ti
Como a Alma
Em revelação...
Após sentir a mim
Então...
Posso amar
Amar-te
Como parte
Minha parte
Como irmão...

Após em contato
Tato'
Tatuar a mensagem
Das entrelinhas e estrelas...
Que falam-me sempre!

Após reescrever-me
Em poesia'...
É que posso
Plenamente'...!

E ainda assim
Estarei
Retornando
Ao Sol...

Laço Enlaço

No abraço
sinto a ti
como as ondas sentem o mar.
Abraço
enlaço de Amor.
Seres dois que estão a se observar.
Toque seu e meu, por favor.
Há um gesto
feito gesto de Amor!
Há um sentido
que sente e sentido
aos olhos que se olham
e os braços que
abraçam o infinito.

No abraço
há magia
talvez, e na tua vez,
sentirá a sinergia de almas em reencontro...
No abraço,
nos toques e
sentidos.
Sinto além
da pele que encerra
e habita
sentidos que
levam-me à Alma
Aura que te orbita.
Toque seu e meu, por favor!

Há um infinito
descobrindo-se no abraço dos braços
e laços de Amor.

Ser Azul

Águas profundas
refletem o meu sonhar.
Mergulhei em meu ser,
que me esperava na via láctea
e, desnuda de um véu mundano,
perdi-me para o Universo.
Já não sou ser humano,
sou estrela, poesia em verso.
Nas ondas infinitas de uma canção eterna,
senti-me como em um som,
o canto dos pássaros azuis de outrora.
Azul como o Ser que me leva a este reencontro.
Azul como o manto que me envolve-me
encanto.
Na viagem de estrelas,
percebo a unidade presente,
existente.

Tempo enganado, enganoso,
do qual voei nas asas da imaginação.
Tempo eterno,
capaz de levar-me ao primeiro átomo de Amor,
que me convalesceu-me em flor.
Átomo de Amor, Amor!
Canção secreta, nas almas afins e interiores
em moradas de um mar
águas calmas onde o meu Ser dança.
Em cada respiração, sinto o Universo
estou (e sou) pó, de estrelas e estrelas.
Estou na água, nas ondas e imensidão.
Perdi-me para a beleza preterida
Sou Mar, Ar, Amar.
Não existo.
 no inexplicável,sou esquecida!
persisto
e lá, no indefinido aroma, permaneço
...
e pertenço.

Reconexão

De onde vem essas vozes?
Esses sons e aromas.
O faz relembrar
re-lembrar
de onde vem essa força?
Sentidos e sentidos
saberes "esquecidos".
E essa conexão?
O que há para além da Re-conexão?

Amor
Amor
amplo espectro de cor...
De onde vem essas vozes?
Esses sons, e aromas, e flores.
De onde vem essas vozes?
Que gritam aos olhos da alma.
De onde vem,
para onde vão,
ao infinito,
Além.
Vem e vão
...
seria essa
a minha,
a nossa
Re-conexão?

Vida

Viver é estranhar-se
descobrir-se em tons de Amor...
Viver é pintar-se a toda hora
dançar a melodia
com a voz do vento
em cor e flor.

Viver é estranhar-se
Re-descobrir-se
indagar-se.
Viver é saltar altos vales
ou seria voar
 para além dos mares?

Viver é poesia.
Bela e ousada poesia
que em versos e versos
faz-se,
desfaz-se
em puro encanto.

Intramarinhos

Ser Azul
de pele cristal
brilhante como a Luz
ao fundo do Mar.
Ser de Cristal
Azul
de pele brilhantina
formas e formas
e Amor sem igual.

Ser das águas e mares
seu canto é suave
sua voz é de encanto.
Ser do Mar
que vem para amar
trazendo suas estrelas e mantos.

Ser Azul
das águas profundas
de mergulho
estelar
sabes e canta
seu amor
desde o fundo do mar.

Criança das águas
de pele azulada e
que está a brilhar.
Esperamos-te cá
desde o fundo do mar.

Cante teu canto
suave e profundo
Cante tua forma e
teu brilho de amar.

Versos Livres

Na loucura que trago em minha boca
a rebeldia dança por entre as palavras.
São elas
sinceras e amargas.
São elas
como a bebida que revela e desvela.

Na loucura que trago em minha boca
há uma palavra sincera,
uma bebida que revela e desvela
a loucura de embriagar-se.

Na loucura que trago em minha boca,
me embriago
e voo pelos meus versos livres.

Aspectos

Eu vi rostos
conhecidos
reconhecidos
efêmeros
tal como a face que visto.

Há uma imagem
que me lembra um sonho.
Eis meu sonho...
se sou imaginação,
qual meu rosto?
qual a face que busco
no infinito e
na indagação?

Vi um rosto
talvez meu
talvez teu
quem sabe nosso!

Vi um retrato falado
que jaz na eternidade
e que retrata
o sonho,
a passagem.

Vi um rosto...
Aqueles olhos
Me olham
E sei
Sinto
que meu olhar conversa com as estrelas
pois reflete o Infinito...

Vi um rosto
nas águas profundas
...
azul e azul.

Vi um rosto
olhando-me
e levando-me
ao Ser que sou.

Mundo Meu

Quero partir,
sem dizer adeus
e nas águas e vales
fazer-me
Azul,
como Luz que
retorna à
fonte de Amor.

Quero partir,
e quero ficar...
no mundo meu
onde Amor é alimento
sem formas,
sem normas,
apenas sentimento.

Sentir...
nos sensatos momentos,
insanos de amor,
nas sensações profundas
sem fundo e dor.
Neste alerta
Voz do Vento,
amigo meu...

onde estás, sentimento?
Onde foi que se perdeu?!
Quero partir
rumo a este mundo meu
sem dizer adeus.

Vozes

Há várias dentro de mim.
Várias vozes.
Todas expressam-se quando há permissão.
Ou talvez,
nem peçam permissão.
Enlouquecem entre si
e quando vejo
Evadido, estou...
Sem mim
e comigo
na loucura
que me restou...

Grito de Amor

Há um grito de dor
um grito,
uma Voz
um pedido
dos filhos do criador!

Há uma chama que arde
um sonho que voa
para além das asas da dor.
Um sorriso esquecido,
uma alma escondida
pelos filhos,
filhos adormecidos pela dor.

Nesse mundo estranho
onde não sou e
não somos
humano, mundano.

Além dos olhos condicionados
além do brilho ofuscado
há uma Luz...
que Sou e que Somos!

Esse grito,
essa Voz,
esse pedido veloz

Há uma Alma
que chora
que grita
que vive
por Amor.
Amor!

Nesta Terra encantada,
mas já esquecida,
aterrada em seu dissabor...
Nessa terra querida em que estamos...
Ah, alma,
Alma esquecida...
Para onde vamos?!
Há um grito de Amor!
Além da cor,
além da dor...

Há um grito
uma Voz
um pedido de Amor...

Somos nós
a força motrix,
a força dos sonhos e
Amor!
Somos nós,
esses filhos,
filhos e todos...
do Criador!

Bem Infinito

Há personas e pessoas
ora boas, outras boas.
Há pessoas e personas
mas há pessoas
que são em parte arte
além dos atos.
Seriam anjos ou pessoas?

Há uma delicadeza
sensível aos olhos da Alma.
Há uma poesia
descrita no interior dos sentimentos
além do pensamento.
Há pessoas e personas,
e momentos...

Há uma força de Amor,
além do riso
e da chegada da dor.
Há uma magia sendo descoberta,
desperta aos olhos de pessoas
do Amor!

Avisto nos olhos teus
uma Luz que brilha
em teu caminhar
sabes e
talvez te esqueças
que és Amor...
e estás aqui para se apresentar.

Eis a dança da Vida
da arte que em cada parte
faz Arte.
Eis a dança das pessoas além de personas.

Há pessoas (ou anjos) que encantam e cantam,
que estão a dançar.
Pessoas assim
como tu és,
e hei de te amar.
Quero-te sempre assim,
feliz. e feliz.
Prazer em te reencontrar!

Estelar

Há um espaço
distante
um espaço para além do véu
um espaço vazio, pleno
entre as estrelas.

Há um espaço
em que vejo meus passos.
Um espaço fora do espaço
onde passo e já passei.

Há um espaço
sagrado encontro em que me reencontro
entre as dimensões do encantamento.
Subindo,
escalando meus sentimentos,
voando e retornando ao espaço.
Encantamento.

Há um espaço
onde me re-encontro
além dos céus.
Espaço vazio
em que simplesmente
Tudo sou.

Olhos de Deus

Além do ruído das palavras,
dos versos sufocados e sentidos escondidos,
sucumbidos e iludidos pela dor...
Além dos véus negros que se formam na mente
há um Sol,
um Criador
... o Amor!

Vazia estou
diante da embriaguez dos olhos meus
que se perderam para a realidade escura.
Então, atiro-me,
nua e crua,
aos olhos de Deus.

Criador... onde estás,
que me fala tanto de Amor?!
Se és assim,
feito flor,
e estás em mim,
além da dor...
Então acredito em ti
além dos ruídos,
além dos sentidos
sem sentido.
Além da dor
acredito,
acredito no
Amor
[...]

Uni-Verso

Tentar entender quem sou...
mas como?
Se sou o indefinido,
o que não se fala.
É preciso ir além dos sentidos.
um pouco de loucura e calma,
e Amor sem tamanho.

Sou tantos e muitos
um ser bem estranho,
aos olhos da normalidade.
Sem idade
no infinito Amor
em cor e flor,
perante a eternidade.

Sou o Ar, os ventos e o mar,
sou os sonhos e os amores.
Sou tudo
o que da poesia faz-se verso,
o que dá sentido à alegria,
e o que me leva a
simplesmente Ser.

Sou o grito de Amor,
a chuva que molha a verdade
e o som dos pássaros que cantam o meu sonhar,
meu compasso
descompassado,
na tentativa de amar...

Sou tu,
sou nós
e o mundo que sorri na certeza
da realidade não dita,
da verdade e do silêncio.
Sou a música desconhecida,
e a dança sem regras nem por quês...

...sou a explicação proibida
e o Amor que se faz pó
nos átomos dispersos do Ar.
Ah... amar!

Sou o que nem sei
para além de mim
uma incógnita no tempo de ilusão
uma metáfora perdida na certeza do Amor
e da união...
Um ser que não é ser,
é ver e sentir
ou simplesmente desaparecer...
e fazer-se em memória
nas palavras não ditas e versos de outrora
de uma poesia sem explicação.

Paz

A Paz é o caminho de reencontro,
o caminho que nos leva a sentir o Amor
que somos.
Na paz me reconheço e sei que sou todos.
Como posso pensar em guerra,
quando não há outros?

A unidade, irmandade que interliga e faz-nos Um
o grito de Amor de uma Era,
faz rebelar os sentidos e as formas.
É preciso paz nos olhares e olhos de Amor,
é preciso fazer-se na presença, na união.
Somos Um com o Criador
Conexão!

Na palavra não dita,
nos silêncios que se respondem
na verdade do sentimento,
na união de seres irmãos...
A quem devemos?!
se tudo em nome do Amor é permitido?!
A ilusão, sem sentido,
são os véus que, por fim, caíram.

A Paz é a caminhada, o caminho, o andante.
Trago-a aqui dentro, Amor e alento.
Tu, meu irmão, me és também...
passastes desatento?!
Mas sentes e sabes que somos Um,
em contínua troca,
em um mundo não violento!

A Paz guia-me e a ti ilumina.
Tua luz é meu farol,
e meu caminho até ti percorre.
Estamos dançando a mesma canção,
somos acordes de uma infinita
rede de comunicação
melodia, sinfonia...
conexão!

Sou eu e você,
somos nós,
Humanidade
na Presença,
na Luz,
na beleza...
solidariedade!
Na certeza de dias coloridos
ao Sol que na VERDADE traz um novo amanhecer.

Faces do Amor

Saber de si
É confortável e
Um tanto estranho...

Ora, enlouqueço comigo
Ora, amo-me
sem fim...!

Morremos

Quantas vezes
morremos e nascemos?
Quantas vezes
nos perdemos da Vida e morremos?!
Quão breve é a existência,
mesmo que a Vida aconteça a toda hora?

Eis que a morte é a procura,
talvez loucura que escondeu a Vida.
Quantas vezes
morremos e nascemos?
Dia a dia, hora a hora morremos
e desconhecemos a Vida
que pulsa e grita como um sopro de Amor.

O que é a Vida?
E a morte?
Morremos diariamente
nas mentes que mentem
nos sonhos que se perdem
na dor que consome.

Eis que lhe digo
sabes teu nome?

A Vida é pulsação
é a não identificação.
Somos Tudo e Nada
eis a alegria e a poesia
de Ser o infinito...
Quantas vezes morremos e renascemos?

Qual o teu grito?

Ser Estelar

O que dizer
das palavras vazias
dessa busca constante pelo ter...
desse mundo mundano, onde amar,
amor humano,
tem limite
(que desconheço)?

O que dizer
de toques suaves e verdades não ditas,
que nos escondem no dia a dia
de um caminhar sem rumo
de sonhos enganados, dúvidas ilusórias
e amores e amoras?

Dito meu Ser
(que não é daqui)
desconhece o que difere do Grande Amor
desconhece a razão fria e os abraços sem calor
se entristece com a busca perdida dos homens,
com a falta de si próprios.

Meu Ser...
que coragem tens em aqui ficar,
e permanecer...
mesmo com vontade
e laços que puxam-te para voltar.
Saudades de um distante lar...

Ser,
coragem tens,
ao olhar e encarar tal mundo,
com teu DNA e sons...
músicas que trazes de amor infinito e distante
presente em teu olhar.
Ser,
das estrelas e céus que reconheço
na imensidão de memória, que trazes aqui.
Teu papel, meu Ser
é coragem,
caminhar entre mundos e levar o teu sol
tua letra e melodia
a combinada sinfonia... de outrora.

Ser, vais com coragem e firmemente
ser o que já és,
e tens por missão Amar
Ser Amor somente
e expressar-te, diante da bela e esquecida,
mas sempre presente
canção.

Vá firme, Ser Azul,
contigo está o Universo e os deuses
diante de teu Amor está a imensidão.

Impermanência

Nas trilhas de água,
sinto os meus pés tocarem a Alma...
Será que é porque
ela está em mim
e lava-me
e leva-me
consigo
no eterno movimento
de ir e vir...
Impermanência
(!)

Acordar-se

Fechar os olhos
é voltar-se para dentro
para o infinito
para o que nem sei,
mas Sou.

Fechar os olhos
é estender-se às estrelas
da constelação que não sei,
mas Sou.

Fechar os olhos
é acordar-se para a utopia sagrada
despertando os Olhos da Alma!

Fechar os olhos
não é negar o conhecido,
tampouco esconder-se
sabe-se lá de que...
Mas é ousar a si mesmo
saltar ao desconhecido
sentindo
(com todos os sentidos)
o Amor que tudo é.

Fechar os olhos
é acordar-se para dentro
e sentir o criador.
Para abrir os Olhos
e ver o que
não se explica,
mas se vive...!

Poesias

As poesias nascem sempre
...
Pelos pés
e pernas e
Mente...
Nascem pensantes...
Onde as vozes
Ditam os passos
Pessoas
Passos...
Dados!

Evadido,Sou!
As poesias nascem
de mi m e, fogem de mim.
E com elas, me vou...

Evadido, Sou!
Nos pés que voam e
não caminham...
São as poesias que
Levam-me
ao que sinto que Sou...
E já não penso!

As poesias nascem
de esferas...e
Feras...
de um pedaço de vida
de uma nuvem qualquer
de um bem que me quer!
De um pedaço de céu,
que é tão único e
Azul...

As poesias nascem...
e partem antes de mim
e sabem que levam-me
comigo...
Então, onde estou?!

Evadido...
e tão comigo
Contigo
O que Sou?!

Poesias me dão
Asas,
Talvez,
sempre minhas...!

Uma amizade

Se te quero comigo,
és meu amigo
e não hei de querer
a outrem.
Mas sabes
que na essência
dessa amizade
Quero todos em mim,
pois, na verdade,
Só há
Uma Amizade!

União

Se passo
em teu caminho
olho-te sozinho
e aviso-te,
que sozinho não estás
tampouco em algum momento sozinho estivestes.
E se passo contigo
saibas, amigo,
que é decidido esse reencontro
...
então passo contigo
e nossos passos
contigo e comigo
dançam aquela música...
aquela que fala de
NÓS.

Partes nossas

Ando comigo
e minhas partes rebelam-se de mim.
Encontro-as,
chamo-as novamente,
mas insistem em partir
com alguém.

Ando comigo
e minhas partes rebelam-se em mim.
Por tal contestação,
eis que as chamo,
as ouço,
as compreendo.

Agora sei que
não somente comigo,
sozinho jamais estarei.

Minhas partes
partem
e vão contigo
comigo
contigo...
Somos muitos,
mas somos Um!

Caminhada

Minhas pernas tropeçam nas tuas.
Minhas lágrimas são tuas e tão minhas.
Minhas pernas caminham com teus pés.
Minha Alma em conjunção com tua estória.

Minhas pernas tropeçam nas tuas.
Minha margem reflete a tua rua.
Minhas pernas já não minhas,
mas tuas.

Meu sorriso, ao teu,
indeciso
precisa da tua alegria
para que a Alma sorria.

Minhas pernas,
tuas
e minhas.
Nossos passos se confundem com o Amor.

Sabe-se que somos Um,
Então,minhas pernas
ainda refletem
o rumo
das tuas.

Luz e Sombra

Saio na rua e vejo minha cara.
Saio na rua e vejo minhas falas.
Saio na rua e vejo meus sonhos e dores.
(vazio)

Saio na rua e vejo a minha denúncia.
Saio na rua e vejo meu peito
que arde
que bate na minha cara.

Saio na rua e vejo o Sol
que me invade feito farol.

Melhor não sair na rua
sem, antes, falar comigo,
dialogar com minhas sombras.

Tua Voz

Tua Voz
já não te responde.
Tua Voz
já está sozinha.
Tua Voz
cansou de te esperar.
Tua Voz
ainda vive em teu peito.
Tua Voz
ainda vive em tua mente.
Tua Voz
já não suporta tua omissão.
Tua Voz
quer ser livre,
voar nas ruas, nos ventos
tocar a multidão...

Tua Voz
é tua coragem,
que ainda vive
dentro de ti.

Interdimensional

Se eu pudesse te falar
do que sinto e vejo
(sinto mais que vejo)

Se eu pudesse te falar
do que vivo
na pele
nos sentidos que sentem
(e muito!)

Se eu pudesse te falar
ou talvez te fizesse sentir
como sinto
talvez
entenderias
como é andar pela Terra
e ainda assim
ter as
Asas nos céus

Rebeldia

Se dizes que sou estranho
eis que te digo
que estranho tuas palavras.
Se dizes que sou estranho
eis que te digo
que o que estranhas
te entranhas.

Se dizes que sou contestador,
eis que te digo,
meu bem,
sou um rebelde
pelo Amor!

Se a estranheza te instiga
...
alegra meus instintos
e prossigo
um Ser
bem estranho,
por Amor!

Condicionamento

Palavras que a vida inventa
pecados que correm a ti
caminhos tão caros e secos
carinhos tão longes de ti.

Palavras que se perdem no caminhar
pecados que estão na tua omissão
caminhos tão caros e obscuros.
(pois não são teus)

Palavras que sentem a vida
e insistem em pecados ateus...
será que o caminho traçado,
é meu e teu?

Sem Nome

Há um grito
aparente aos olhos da Alma.
Há um grito
perdido nas margens do ócio.
Quisera gritar
junto a ti...
pois tua voz é minha voz.
Quisera gritar
junto a ti...
pois não posso despir-me da loucura
que grita em minha mente.

Minha Alma
une-se à tua.
E gritamos
por Amor
inclusive amor às nossas sombras.
Quisera perder-se
na loucura cabível de mim.

Chamado

Levanta-te
e prossigas
tua Alma espera-te
na esquina.
Levanta-te
e prossigas
tua Alma,
tua amiga,
tua estória
a Ser
descrita...
Antes,
precisas
caminhar...!
**Levanta-te
e prossigas
tua Alma,
espera-te na
esquina,
Tua
Alma!**

Roupagem

Vestes que
vestes
e mascaram tua
cor...
vestes que
vestes e
escondem
teu Amor...
Esconde-te
de que?!
Se és livre,
sonhador...
Vestes que
vestes e
escondem-te de
ti...

Viajante

Não estou em casa
nem na tua, nem na minha
muito menos na casa em que 'caso'.

Não estou em casa
nem perto, nem longe.
Estou na margem da experimentação.

Não estou em casa.
Nem na tua, muito menos na minha.
Não recordo da frase de adeus,
mas vivo com as palavras últimas
antes da viagem até mim.

Não estou em casa,
mas visito-me a toda hora,
e a saudade lembra-me quem sou.

Não estou em casa,
mas ainda tenho Asas,
e reescrevo-me neste voo
antes de voltar para casa,
(se é que tenho casa)
...
minha morada
é o
Amor!

Arte de Ser

De vez em quando
e quase que de vez por todas,
percebo-me
à margem da mente sã.
Então,
sinto dizer,
mas a ousadia de Ser,
dita loucura,
é antes criatura,
do que caricatura,
antes do que
uma vida vã

Entre um e Zero

No espaço zero
dos corpos que
em conversação
falam de nós...
no espaço zero
das pernas que andam,
e cruzam-se,
e dançam por entre nossos pés...

Nesse espaço
entre zero e um,
entre um e zero
está o Infinito.
Lá,
toda Presença
fala de Nós...

Procuro a Mim

Minha estranheza
confunde-se com a tua.
Minha loucura é mais tua,
por isso reflito em teus olhos.

Minha estranheza
é a sensata procura
(e talvez a única)
que cura.
Procuro a ti.

Já sei que tu estranhas
e me entranhas.
Nessa súbita estranheza
(de poetas da vida)
eis a que a despedida
é tão refratária,
quanto ao espelho dos olhos
meus
teus
meus...
procuro a mim.

Plenitude

Agora estou comigo
e ainda ouço os ventos
amigos
que falam de nós.
Agora estou comigo
e por mais proibido.
Pensam eles
que estou só.

A presença
de estar comigo
revela-me,
além de mim.
Agora estou comigo
e ainda assim,
não estou
a sós...
mas comigo!

Espelho

Falas de mim,
mas de ti estás a lembrar.
Tua memória
é a estória do outro
este teu mais sincero reflexo.

Falas de mim,
e mais de ti.
Quando no vão das palavras ditas
reverbera a eternidade
do que foste
do que quisera ser
do que és
...
antes de mim.

Conversa com Deus

Já não falo contigo
mas comigo também.
Já não falo contigo
nem comigo.
Falo com alguém.
Na mente
que atenta observa e cala.
Nos olhos
que sentem, anunciam e revelam.

Já não penso
não falo
mas sinto
com os sentidos que me são
e levam-me
a mim
a ti
e a um Deus,
que fala
...
e escuto.

Fagulha

Algo me invade
como luz entre átomos
corpos e sentidos.
Atravessa a rua
sem olhar para o lado
não há lado,
mas um círculo
eterno e sagrado.

Algo me invade e
tão veloz
feito vento que leva
água que lava
fogo que arde.
Sou toda a terra que cria.

Algo me invade
e já não sou quem penso ser.
Sou gota de orvalho
que se reconhece na criação.

Algo me invade
como luz entre átomos
e corpos e
sentidos...
não há corpos,
mas átomos
que falam-me
no toque
final da
conversação...

Sóis

Nada resta-me
pois tudo sou.
Nada tenho,
porque simplesmente, sou!
Se sou o infinito
e identifico-me
com o eterno
transformo-me em Luz,
para iluminar as Almas
viventes em mim.

Alma Livre

Desnuda
de mim
e do que
achei que
seria...
ouço apenas
o respirar,
ofegante
em uma tarde fria.

Desnuda
de mim
e do que
eu gostaria,
resta-me apenas
as palavras calmas
e vazias...
onde residem
os versos
sós...
aqueles sagrados,
sem contestação
sem mente
sem ilusão...
aqueles que
dizem e
muito,
do Ser.
Desnuda
de mim,
continuo comigo
mas
desfaço-me
nestes versos
...
então,
sou só poesia,
sou todo Universo...
Sou, simplesmente...
uma Alma
Livre em
expressão!

Para Você!

Já nos conhecemos
antes mesmo
do toque pelos olhos.

Já nos conhecemos
antes mesmo
dos nomes emprestados.

Já nos conhecemos e,
portanto,
Até breve!

Essência

Nas mãos de um homem bom
há morada de Deus.
Nas mãos de um homem bom
há o mistério do Amor.
Nas mãos de um homem bom
há a criança inocente que,
além da mente,
toca o sagrado
e cura a vida
com o dom de Ser
simples afago.

Reencontro

Talvez me perca de mim
na margem da imaginação.
Talvez a minha realidade
seja a verdade dos teus olhos
se assim sentires
na vibração.

Como perder-me
se todos os caminhos
levam-me
a mim?!
O que vejo
sinto e busco
é o que estou
ou o que acho
Ser.

Como perder-me
se sou eu
a vida que observa
o Senhor que cria
os olhos que sentem
e os sentidos
que dão Sentido.

Como perder-me
de mim
se já existo
e estou fadada
à liberdade de minha existência.

Como querer te encontrar
se tu estás em mim?
Então compreendo
que somos Um
(!)
e o único caminho
é levar-me comigo
então contigo
e sempre
no Amor!

Consciência

Sempre me vi ao lado
observando os atos
os fatos
os passos
dados.

Sempre me vi ao lado
de mim.
avistando o sonho
sonhado,
acordado sonhador.

Sempre me vi ao lado.
feito jogo
que joga o jogador.
Sempre pequena e distante,
mas presente
em mim.

Me via ao lado
observando os atos
os fatos
os passos
dados.

Reencontro-me e prossigo.
comigo,
mas em ti.
Pois sempre fomos
Nós.

Autenticidade

Se te sentasses
ao lado da criança
e olhasse com olhos desta que te ensina
...
verias o motivo
para rir
e chorar
para chorar e rir.

A vida é a comédia mais dramática
de quem ousa
vivê-la de verdade!

Verso integrado

Neste momento em que atento
escrevo...
desfaço-me
de mim.
Sou tu,
sou eles,
sou qualquer proeza
que me leva até mim.

Neste momento em que escrevo,
sou livre por esquecer-me
...
Eis que
de tanto esquecer-me,
lembro-me cada vez mais
de que estou comigo,
e tão em mim
e tão em ti,
e em mim
sem fim.

Divina Canção

Te sinto em silêncio.
Faço-me em silêncio.
Escuto-te em silêncio.
Recordo-te em silêncio.
Descubro-me em silêncio.
Identifico-me com o silêncio.

Sou todo o Silêncio.
Nele há a eternidade cantando
a Divina Canção.

Avenida Azul

Na janela da minha vida
eis que a avenida
é sempre Azul.
Os passos
os pássaros
passam e voam,
além dos véus que escondem-me
em meu quarto.

Na janela da minha vida
eis que a avenida
proibida
que percorro e já não morro
pois tão viva
estou em mim!

Nessa janela entreaberta
já sem véus e
sem cobertas
de um quarto vazio
sem morador.

Eis que com os pássaros
me fui...
hoje reconheço a avenida
tão proibida
mas que livrou-me
de mim.

Denúncia

O homem grita
na esquina
na esquina
o homem grita...

Grito perdido de
mim
mas em mim...
grito que se achou
em mim,
pois em mim
recordou-se
da sua
Voz...!

O homem grita
na esquina
na esquina
o homem grita...

Alma

Janelas vazias
de um quarto vazio.
Janelas vizinhas
que avistam os mesmos olhos.
Janelas que se vestem
de pessoas e pássaros.

Janelas que se vestem
de olhos que veem, e ignoram.
Janelas vazias de um quarto vazio.
Janelas vizinhas,
perdem-se de si,
por avistarem olhos que não os seus
(...)

Brilho nos olhos

Há nos céus a mensagem...
a poesia sentida
o Universo que se resume
onde todos somos...
Eis então a composição...

Há no brilho dos olhos
essa força que transcende os sentidos.
Essa força que daria um sentido e
Sentido é Verdade!

Há nos *céus* uma sinfonia secreta
nada discreta para ao amantes
e leitores das estrelas.
Afinal, onde estaria a Felicidade?!

Há uma força...
uma Voz que canta
Um corpo que dança...
Há no Universo versos e versos
que em conjunto tornam-se Um!

Há uma força de Amor...
disponível e visível.
Eis o brilho nos olhos...
[...]

Estrangeiro

Sou estrangeiro,
passageiro a
'procura de mim...
Sou estranho
poeta e
sem fim...
sinto-me assim,
além de mim...

Sou estrangeiro,
viajante dos vales
perdidos,
que se perderam
de mim...
sou passageiro,
passando e voando
para uma terra
do sem fim...
Querer entender-me
é enganar-se
de novo...
sou o que sinto, e
o que sinto,
não se explica
...

há uma informação
nos ventos,
que toca na pele e
vislumbra na alma!
o que sou...
...dedico-me
com calma,
para sentir-me
enquanto Amor...

Sou estrangeiro,
'pequeno e
pequeno
diante do infinito
que é bonito e
bonito,
porque é
assim...
além do fim,
sem explicação...!

Bailarina

Quero mesmo
é dançar até a noite
tornar-se por completa, noturna!
Eis que a escuridão levará a tornar-me estrela,
para iluminar com a dança...

Quero mesmo,
é sentir-me sempre,
criança que sonha e que ama, simplesmente!
Cantar a música, dançar a vida,
em movimentos da Alma...
Alma!
[...]
Quero mesmo
é saltar ao grande sol
tornar-me cada vez mais
Farol...
para dançar com os pássaros...
que passam e passam e
dançam...!

Além das danças ensaiadas
além dos atos incompletos
além dos sentimentos extremos e calmos...
além do conhecido...!
Há uma dança
que aguarda-me
nas esferas iluminadas da Alma...!

Dançar para viver...
viver para expressar
o Amor!
... Amor!
Unir-se então
novamente
à Luz da Vida
que é música e dança...
Atos em
átomos de
Amor!

Eis a dança
que acredito que
balança
e dança...
Eis a dança
que quero e
sempre...
Eis a dança
que
Danço!
... Amor!

Confissão

Se fadado estou
leva-me ao teu fado
Amor,
e se nos espaços por onde andas
sentes pesado e,
ainda assim,
sonhador...
leva-me sempre daqui
de ti e de mim...
faça-me
poeta
Poeta por Amor.

Janelas Minhas

Já não me importo
com os barulhos das janelas alheias.
Enquanto me incomodavam
estavam comigo,
e qualquer ruído
era um grito preso em meu peito!

Já não me importo-me
com os barulhos das janelas alheias.
Em mim há um silêncio sagrado
daqui observo o que sou
e não mais
os ecos refratários.

Silêncios que falam

Nos silêncios
saberes e dizeres
que dizem e falam
qual a voz por detrás de toda e qualquer
experimentação?

Nos silêncios
que estão repletos de Verdade
de Tudo e de Nada
qual seria a tua,
a nossa escuta e possibilidade?

Escuta sincera...
das almas que andam e voam ao infinito
à procura do reencontro
de sua identidade
[...]
do retrato um dia falado e que jaz,
na rota registrada.

Silêncio
é possível escutá-lo e senti-lo.
No vazio,
estar no vazio e fazer-se Vazio
sem formas, nem normas.
Não-Ser!

Entrar nos reinos, elevados reinos,
onde mora a liberdade,
então reencontraria, a minha, a nossa, a Vida...
codinome Verdade!

Silêncios.
ouvir a Voz dos ventos e sentir as águas do mundo.
Somos a extensão de tudo o que percebemos
e desconhecemos.
No vazio
que entra através dos olhos
e perde-se na alma que observa... nua!
Alma nua!
Como seria, então, a percepção?
Espaços,
passos
espaços
vazio
... a Voz do silêncio... (?)

Consciências Celestes

Os astros que estão em mim
guiam-me feito estrela,
aos comigo
perdidos de mim.
Os astros
de um céu Azul,
revelam-se em mim.
Sempre comigo!

Observador

Enquanto a ti
escolho a olhar
vejo o infinito
nos círculos
cílios dos olhos
que refletem
o observador.

Enquanto a ti
escolho a olhar
vejo o infinito,
e sabes,
lá estou
...
Dentro de ti
dentro de mim
e ainda assim
tão livre!

Cristal

Em cada verso
desnudo-me por completo
ou
por partes
para que perceba-me além
dos olhos que se encerram.

Se me desmascaro-me
e tão claro
claramente
Cristal!
...
sou todo o verso
ora inverso
e ainda assim,
não cabe-me definição.

Essencial

Há uma voz em mim
que grita
que fala
que quer dar voz
à Vida!

Há uma Voz em mim
que reconhece o teu nome
já que ele está impresso
na minha pele.
E arranha.
E grita.
Esse nome
que fala,
e ainda grita
por Nós!

Verso e in-verso

Na magia e completude
de Ser e Não-ser
eis o mistério
ousado e belo
de simplesmente desaparecer.

O que é a imensidão
diante do amor da união...
Se somos nós
o tudo e o nada
somos o universo
em cada verso
que é verso e inverso
é poesia inventada
planejada
programada e ativada
pelo Amor.

O que somos
senão tudo
e sempre, e nada
e sempre!
...

Na magia
poesia de Ser e Não-Ser
eis que me vou
novamente
e além da mente
desaparecer.
Para que as estrelas
Luz...
sejam apenas!

E tal como o vazio
de plenitude
para que então
possam-me ver...
Fazer-me em magia
poesia
e ousadia
na beleza da re-construção
de Ser e Não-Ser.

Ode à vida

Eu sinto cheiro de vida.
Cheiro de terra que é terra
e que é mar.
Cheiro de beijo
de olhos nos olhos
e de amor ao amar.

Já sinto a fragrância da verdade
e do que é verdade...
tua verdade,
minha verdade.
A que sempre foi nossa!

Cheiro de gente viva
que vive
e que simplesmente é.
E que sendo
canta a vida
como Ode ao criador
que é amor,
Amor!

Eu sinto cheiro de vida
e tu sentes também.
Pois somos nós
a eterna possibilidade
de existência.

Rosto Reflexo

Me vejo e me escondo.
Meu rosto disforme
tem fome de Amor.
O que vejo
senão o beijo
dos que têm fome
e se escondem na dor?

Me vejo e me escondo
de mim e do que penso que sou.
Prefiro e preciso
sentir-me enquanto Amor.
Me vejo e me escondo
no vazio das mentes vãs.

Sou um rosto
que se desintegrou
pois fundiu-se ao grande Amor.
Me vejo e me escondo
de mim e do
 achismo mortal.

Sou, sim,
esse sentir,
esse grito
evadido dos céus.
Me vejo e prefiro assim,
natural
e nada normal.

Esfera Poética

Escrevo e
te escrevo
reescrevendo-me
em teu sonhar.

Escrevo e
te escrevo
reescrevendo-me
em teu olhar.

Se escrevo
e me escrevo
e assim,
sinceramente falamos em versos
...
não há o que descrever
senão a poesia
dos seres diversos
que se reencontram
no espaço zero
das palavras vãs.

Elixir

Beber nas linhas da vida
Beber nas linhas de um tempo
Beber as minhas (nossas) labutas...
E a todos que querem
que sejamos perfeitos.

Beber
Entrelinhas e cordas
de uma canção dolor
Colore teus vinhos e pedidos
através do divino sabor...

Beber.
viver
Re-nascer no Amor.

Queres beber teu vinho
Tua taça sentir?
Queres tocar águas puras
De um elixir?
O que queres?
Beber para aqui esquecer?!
Reviver
Re-nascer
Beber na fonte do Amor.

Crianças

Criança
sejas criança
para recordar-te
de ti.

Criança
sejas criança
para rir e
chorar
de ti.

Criança
sejas criança
para amar as crianças
que são reflexos
nus e crus
do que quisera ser
mas, enfim...

Recordação

Tu assumiste um cargo
em um corpo de carne
mas tuas vestes são de cristal.

Tu viveste sonhando
e ainda em sonho
avista-te mais perto de ti.

Tu amaste um retrato
de um livro
do universo
da vida que
feito vida
fez-se e desfez-se
e ali tu estavas
como verso.

Tu assumiste um cargo
em um corpo que dói...
mas sabes que a dor real
é a do esquecimento
quanto às tuas vestes de cristal.

Tu,
que desbravas
céus e terra
então te desnuda de poeira
e como poesia
vira verso
meio inverso
brilha feito estrela
...livre de ti.

Esperança

Reconheço-me
e por isso rebelo-me
quanto as vozes que se calam.

Como um grito perdido
na eternidade do amor...
mas ainda há
Voz
feito miragem
em teus olhos
além da dor...

Reconheço-me
e por isso jamais me calo
pois em ti
sinto a mim
então
gritamos
a uma só Voz.

Simplesmente

As nuvens
brincam comigo
e eu
com os comigo de mim.
Elas dançam
elas riem
Felizes
em Ser,
felizes sem saber que são
Livres!

E elas entendo
cumprimento
e entro na canção
feliz por Ser,
feliz sem pensar
que Sou
apenas
Livre!

Semelhante

Olho em teus olhos
e vejo meus olhos

.

Olho em tua boca
e beijo minhas palavras.

Olho em teus olhos
e vejo meus olhos.

Olho novamente
e consumo minha própria sombra.

Olhos
e bocas e
e vidas
que gritam.

Olho a ti
e descubro a mim!

Arte

Oitenta por cento
de mim
é Arte
Outros vinte
...
fazem parte
da peça improvisada
chamada Vida!

Mensageiro

Há um silêncio aparente
Há um pássaro
Azul
que se encarrega das boas novas.

Há, além da ilusão,
a Voz que entoa
ressoa nos ventos
na imaginação.

Há no silêncio aparente
o Amor veemente
que é sentido na pele.
Um amor que arranha
ressurge na Alma e transborda nos olhos.

Ah, brilho
teu e nosso!
Que olhar de infinito
que capta a Voz
Voz do silêncio
aparente e noturno...

Há uma ordem
dos que voam
com suas asas de quimera.
Ah, quisera transformar-me
em asas para tocá-los
além do céu mensageiro...

Partes de Nós

Há partes de mim
que partem de mim.
Ha outras partes que
em partes desvelam-se em mim.

Há partes que sopram meu sonho
Partes que vejo e que ouço
Outras que partem de mim.

Há um parte de mim
que em ti faz morada
que se interliga
a Tudo e a Nada.

Há uma parte sincera
que se revela no teu olhar
que corre ao vento
que sopra em alento...

Há uma parte
que parte
em várias partes
Essas partes,
...
Onde estão?
...
Essas partes se partem
se unem
e se transformam em
Nós.

Ser

A liberdade é do Ser
a verdade é do Ser.
mas nem todos expressam o que já são.
Anseiam por sanidade
e, na vaidade,
perdem-se de si.

A liberdade é do Ser
e Ser requer,
simplesmente,
coragem e AMOR,
renúncia a uma sociedade dita sã
estar no sistema sem estar
transformar com olhos de ver e Voz de questionar
(!)

É livre o louco que vive
sua estúpida loucura
e ainda assim,
eeconhece-se
entre o vão dos adormecidos,
que se acham sãos
mas não o são.

SER
é sua única tarefa
além da existência.

Gratidão!

Gratidão pode ser felicidade.
gratidão pode ser alegria com amor.
Amor com alegria.
Gratidão pode ser silêncio
ou nada.
E, ainda assim, ser grato por tudo!
Gratidão revela-se nos olhos que brilham
nos braços que se abraçam
nas mãos que ajudam e sentem-se bem.
Gratidão pode ser simplesmente sentimento
e um agradecimento
com palavras e versos
com versos e música
qual o ritmo do seu coração?
Gratidão pode ser observação.
Pode ser chuva que cai e lava,
que leva e limpa.
Chuva de amor!
Ser grato é bem mais do que pensar gratidão
é sentir-se forte e leve,
como dois opostos em equilíbrio
em compensação.
Agradecer com a alma e sentir.
Quando sentimos,
o coração liga-nos ao criador,
que fala através da verdade...
... da sua verdade!
O ato de amar-se e de amar
é gratidão para com a Vida!

O Amor que eu Sou, saúda o Amor que tu és.
Haja Luz!

ÍNDICE

Prefácio	7
Re-encontro	15
Reservatório de Almas	16
Faces	18
Guerreiro do Amor	19
Voz da Unidade	20
Adágio	21
Empatia	22
Há Luz	23
"Versus" livres	24
Presença de Deus	26
Simplesmente Ser	27
Voz grave	28
Voz do Silêncio	29
Cabeça de Deus	30
Reflexo	32
Solar	34
Laço Enlaço	35
Ser Azul	36
Reconexão	38
Vida	39
Intramarinhos	40
Versos Livres	41
Aspectos	42
Mundo Meu	44
Vozes	45
Grito de Amor	46
Bem Infinito	48
Estelar	50
Olhos de Deus	51
Uni-Verso	52
Paz	54
Faces do Amor	56
Morremos	57
Ser Estelar	58
Impermanência	60
Acordar-se	61
Poesias	62
Uma amizade	64
União	65
Partes nossas	66
Caminhada	67
Luz e Sombra	68
Tua Voz	69
Interdimensional	70
Rebeldia	71
Condicionamento	72
Sem Nome	73
Chamado	74
Roupagem	75
Viajante	76
Arte de Ser	77
Entre um e Zero	78
Procuro a Mim	79
Plenitude	80
Espelho	81

Conversa com Deus	82
Fagulha	83
Sóis	84
Alma Livre	85
Para Você!	86
Essência	87
Reencontro	88
Consciência	90
Autenticidade	91
Verso integrado	92
Divina Canção	93
Avenida Azul	94
Denúncia	95
Alma	96
Brilho nos olhos	97
Estrangeiro	98
Bailarina	100
Confissão	102
Janelas Minhas	103
Silêncios que falam	104
Consciências Celestes	106
Observador	107
Cristal	108
Essencial	109
Verso e in-verso	110
Ode à vida	112
Rosto Reflexo	113
Esfera Poética	114
Elixir	115
Crianças	116
Recordação	117
Esperança	118
Simplesmente	119
Semelhante	120
Arte	121
Mensageiro	122
Partes de Nós	123
Ser	124
Gratidão!	125

Capa e projeto gráfico: Marco Cena
Revisão e Coordenação editorial: Maitê Cena
Produção editorial: Bruna Dali e Jorge Meura
Assessoramento gráfico: André Luis Alt

Dados Internacionais de Catalogação na Publicação (CIP)

W819c Witcoski, Bruna
  Coração Índigo: poesia interdimensional. / Bruna Witcoski.
  – Porto Alegre: BesouroBox, 2017.
  128 p. ; 14 x 21 cm

  ISBN: 978-85-5527-056-7

  1. Literatura brasileira. 2. Poesia. 3. Evolução humana e Humanidade I. Título.

CDU 821.134.3(81)-1

Bibliotecária responsável Kátia Rosi Possobon CRB10/1782

Direitos de Publicação: © 2017 Edições BesouroBox Ltda.
Copyright © Bruna Witcoski, 2017.

Todos os direitos desta edição reservados à
Edições BesouroBox Ltda.
Rua Brito Peixoto, 224 - CEP: 91030-400
Passo D'Areia - Porto Alegre - RS
Fone: (51) 3337.5620
www.besourobox.com.br

Impresso no Brasil
Outubro de 2017